Kopf verlieren

Liebesgedichte
- mit und ohne Kopf -

Steven Pennings

© 2020 Steven Pennings

Autor: Steven Pennings

www.praxispennings.de

steven.pennings@interkult.de

Umschlaggestaltung, Illustration: Steven Pennings

Lektorat, Korrektorat: Gudrun Müller-Reiners

Verlag: tredition GmbH, Halenreie 40-44, 22359 Hamburg
ISBN:
Paperback:978-3-347-15895-5
Hardcover:978-3-347-15896-2
e-Book: 978-3-347-15897-9

Bibliografische Information der Deutschen Nationalbibliothek:

Die Deutsche Nationalbibliothek verzeichnet diese Publikation in der Deutschen Nationalbibliografie; detaillierte bibliografische Daten sind im Internet über http://dnb.d- nb.de abrufbar.

Den Kopf verlieren -eine Konkretisierung-

Eigentlich sollte ich
die Luft anhalten
und Wörter
die noch Lippen wagen
sang und taktlos übertönen
eigentlich sollte ich
die Augen schließen
und Blicke
die noch Herz berühren
Ader lassen -hier und jetzt
eigentlich sollte ich
die Nase stopfen
und Gerüche
die noch Nerven kitzeln
bündelweise kopfverschließen
eigentlich sollte ich
den Kopf verlieren
um Gefühlen
die noch Angst besetzt
endlich Freiheit zu gewähren

Auf dem Weg

Zart sind
die Blättchen
der Entscheidung

Weich sind
die Gefühle
der Sinnlichkeit

Hart erscheint
der Weg
wenn der Kopf
noch nicht ganz mitspielt

Einlassen

Als ich in der Nähe
die Distanz entdeckte
weinte ich

Als ich in der Distanz
die Nähe entdeckte
fing ich an mich zu freuen

Als die Freude
mich näher brachte
konnte ich dich sehen

Als ich dich sah
ging mein Herz auf

jetzt weiß es
was Liebe ist

Die mutigsten
Momente
im gegenseitigen
Zutrauen
sind die
die uns beängstigen.
die anderen Momente
halten wir
fest
und schauen
auf sie
in gemeinsamer Freude

Die größte Liebe
spielt sich in
unseren Träumen ab
dort wo Phantasie und Verlangen
alle Grenzen überschreiten
ist das Wachwerden
das Ende
und der Anfang
einer lebendigen Liebesbeziehung
mit dir

Durch Deine Augen
die Welt zu sehen
und ein zu blicken
in Deine Sicht
der Dinge
für Momente
die mir sonst verborgen
blieben

Es ist nicht
der Lauf der Dinge
sondern wie du
und ich
die Dinge leben
und empfinden
lass uns immer wieder
weiter laufen
von Haltepunkt zu Haltepunkt

Es grenzt schon
an ein Wunder
genau den richtigen
Menschen gefunden zu haben

Es ist schon
ein Wunder
genau diesen Menschen
zu lieben und mit ihm
das Leben teilen zu wollen

Es ist mehr
als ein Wunder
mit diesem Menschen
zu leben und ihn
noch mehr dafür zu lieben

Glück
ist ein seidener Faden
der durch das Leben
läuft
wer es sich zu schwer macht
muss wieder spinnen
lernen

Komm' und fliege mit mir

Auch wenn ich
die Angst
vor mir selbst
verloren habe

Auch wenn ich
die Lust
mit mir selbst
gefunden habe

Auch wenn ich
die Liebe
für mich selbst entdeckt habe
lässt mir
die Liebe zu dir
Flügel wachsen
und
wenn ich dort
alleine fliege
fühle ich mich einsam
ohne dich

Es ist an der Zeit
Abschied zu nehmen
von Menschen
die uns binden

Es ist an der Zeit
Bindungen zu kappen
zu Menschen
die uns fest halten

Es ist an der Zeit
Haltungen zu ändern
zu Menschen
die uns lieben

Es ist an der Zeit
Liebe zu leben
mit Menschen
die uns frei lassen

Es ist an der Zeit

Ich lebe mein Leben mit dir
weil
du eigen bist
manchmal sehr lästig für mich
du erotisch bist
manchmal auch lästig für mich
du klug bist
oft sehr nützlich für mich
du bist wie du bist
immer wieder anders und neu
und doch erkenne ich dich
immer wieder
in guten und schlechten Zeiten

Die guten Zeiten
haben wir durchlebt und
sie waren sehr gut
die schlechten Zeiten
haben wir durchlebt und
sie waren schlecht
vor uns liegt das Leben
zusammen

Auch wenn
manche Wörter
noch auf alte Wunden
stoßen
feiert die "neue" Liebe
Hoch Zeit

Freiheit
ist nur
die eigene erlebte
Wirklichkeit
und deine Wirklichkeit
ist nicht meine Wirklichkeit
daher
ist deine Freiheit
nicht meine Freiheit
erst in der Anerkennung dessen
und im Austausch der tieferen Gründe
die uns bewegen
machen wir uns auf
den Weg
Liebe zu leben

Meine Liebe für dich folgt nicht
den von mir gewohnten Bahnen
sie ist auf Abwege gegangen
anders und doch
mehr geworden
vor allem aber ist sie
meine Liebe für dich
geblieben

Nach so vielen Jahren

Nicht mehr so ganz heiß
die Liebe
jedoch beständig
und tief
warm ums Herz
und öfters Kribbeln
im Bauch

Wenn ich dich
mit meinen Augen sehe
komme ich
ins Schwärmen

Wenn ich dich
mit meinen Augen sehe
fühle ich Deine und meine
Wärme

Wenn ich dich
mit meinen Augen sehe
ist Deine Anmut gleich
Schönheit und Erotik

Wenn ich dich
mit meinen Augen sehe
sehe ich dich
so wie du bist
und so
wie ich dich liebe

Wer sucht wird finden

Lange war ich auf der Suche
süchtig nach allem
was eine Frau ausmacht
endlich als ich sie gefunden hatte
noch süchtig nach allem
was Sicherheit ausmacht
hörte ich auf
mich und sie zu sehen
blind für alles
was Liebe ausmacht
als ich schmerzlich wachgerüttelt wurde
offen für alles
was sich entwickeln kann
wusste ich dass ich mich und sie
gefunden habe

Zur Hochzeit

Uns tragen
nicht auf
den Händen

Uns halten
nicht fest

Uns lassen
nicht verlassen

Uns lieben
immer mich
und dich
immer noch......

Eine viertel Ewigkeit
und doch
wie Gestern und Heute

Im Tausch der Liebe
schleicht sich oft die Täuschung ein
aber
manchmal finden wir im gegenseitig sich offenbaren
den Weg
aus den Tiefen nach oben zurück
und wenn eine Zeit vergangen sein wird
wirst du dich fragen welche Irrlichter
dich in Deine Einsamkeit führten
dann wäre Nähe
Erfasst sein
Innigkeit und Gewissheit
sicher
Vieles ist abgeschlossen
obwohl
Entscheidendes ja noch aussteht
den andern in seinem Wesen und Dasein erfassen
ist manchmal leicht
manchmal schwer
und um so schwerer
je uneigentlicher ein Mensch ist
dann sind manchmal
Deine Horizonte vom dunkel verschluckt
und du fühlst dich aus Deinen Händen gleiten
und wenn fast alle Deine Sonnen ausgebrannt sind
wird der
dem du Deine Tränen schenkst
dich in Deiner Einsamkeit abholen
und im Wagemut des Vertrauens
weiter führen
dann atmen Deine Tage
nicht nur von den Augenblicken der Gegenwart
sondern werden auch
von den Quellen der Zukunft gespeist

Glücklicherweise
passt du ganz genau
zu mir
nicht zu lang
nicht zu kurz
damit der Weg
unser Ziel bleibt
stören
die paar Dornen
nicht

Weil wir uns lieben

Ich vermisse
deine Hände die meine Haut
zum Prickeln bringen

Ich vermisse
die Feuchtigkeit deines Mundes und
das Spiel deiner Zunge
wenn sie mein Empfinden
auf die Spitze treibt

Ich vermisse
deine Berührung die meine Seele
in Worten über die Lippen strömen lässt
und vor allem
vermisse ich dich
die mein Innerstes berührt und
mir hilft nicht zu verstummen

Weil wir uns lieben

Säe deinen Gegenwart
mit Zuversicht
und lass Vertrauen wachsen
denn
auf dem Nährboden der Angst
wächst der Zweifel
Säe deinen Gegenwart
mit Treue
und lass Liebe wachsen
denn
auf dem Nährboden des Misstrauens
wächst der Streit
Säe deinen Gegenwart
mit Zufriedenheit
und lass Glück wachsen
denn
auf gutem Boden
trägt auch der kleinste Samen
Frucht

Dreh-Moment

Manche
tastenden Worte
werden
in einem
Handumdrehen
Augenblicke
deiner Wärme

Nicht nur ein Wort

Deine Worte
fallen mir
in den Mund.
Sie flüstern mir ein
Bild von dir zu
dem
ich nahe sein möchte
um in deinen Augen
Blicke zu lesen
die mir fehlen

Wofür wir leben

Damit die Trümmer
noch vollkommener werden
bauen wir aufeinander
Schuld für Schuld
Bruchstücke
die nicht zusammen passen

Vertrauen

Wenn so manchmal
die Angst
dich an die Hand nimmt
und Deine Gedanken
auf Glatteis spazieren führt
fasse dich dann —
an mich
und meine Wärme

Zukunft

Zwischen
gestern und morgen
fand ich heute
zurück

durch die Hintertür

Ich suche
eine Öffnung
dich zu erreichen
verletzlich
treffe ich dich
mitten in die Brust

Fingerreif

Am Anfang
deiner Jahresringe
möchte ich sein eine
Kreislinie um den Mittelpunkt
deines Lebens

Am ende
deiner Jahresringe
möchte ich sein
ringeln mit dir
noch vielen Jahren

Wenn du könntest

du kannst
mit Deinen Händen meine
Hand nehmen und mich
führen
du kannst
mich führen und auf deinen Händen tragen
du kannst mich
tragen und aus
deinen Händen meine
Hand verlieren
du kannst
mich verlieren und nach meinen Händen
greifen
vielleicht
kannst du dann
mit mir
Hand in Hand
gehen

Zynisch

Wenn du mich mit Spitzfindigkeit
aus deinem Munde berührst
und atemberauschend
dein liebstes Lächeln zeigst
weil ich sage was ich verstehe
und du verletzt
über meine Verletzbarkeit
ins Schweigen gefallen bist
bin ich mit dir
auf einer Höhe

Verständnisvoll

Klären wir auf
die Erwartungen
die dich
von mir
unterscheiden
reden wir gegen
die Mauer
ein
taub einander
zu verstehen
schweigen wir weiter
einander vor
was wir uns zu sagen
haben
ist ganz verständnisvoll

Meine Verzweiflung
spiegeln in deinen Augen
Wörter
die lieber sagen sollten
verzeih mir

Ich sehe
wie die Angst
dir Flügel macht
dich in der Schwebe
lässt
doch die Schwere in dir
könntest du doch fliegen
wie leicht wärst du

Concitato (noch zitternd)

Wir spielen auf
gespannten Saiten
Tönen
manchmal
eine Melodie

Nach dem ersten Blick

Dein Lächeln hat sich
in meinen Bauch verschlagen
sich eingenistet
und Eier gelegt
jetzt macht mir dein Brüten
zu schaffen

Abziehbild

Wenn alle Triebe
schlechte Gewohnheiten van dir abgezogen
sind
und ich dich nach
meinem Bild forme
ziehe ich dich
von mir ab
fertig
bist du

Dialektik

es liegt mir
auf der Zunge
was du mir im Munde
verdrehst
ins Schweigen gefallen
Rede
Wendungen ohne Worte

Weißt du
wie dein Gesicht aussieht
wenn du traurig bist
oder lachst
weißt du
wieviel ungeweinte Tränen
vor dem Schreien kommen
oder schweigen
weißt du
wie groß die Leere
vor dem Fallen ist
oder Aufstehen
weißt du
wie viele Hände
nach dir greifen
oder halten

Morgen will ich
deine Mauer durchbrechen
mit dir übergehen
in Fleisch und Blut

Manchmal will ich
Wurzeln schlagen
mit dir verzweigen Ast für Ast

Manchmal will ich
deine Mitte finden
mich bewegen in deinem Kreis

Manchmal will ich
deinen Fluss durchschwimmen
und das Ufer finden hier und dort

Heute möchte ich
nur den ersten Stein

Von meinen Sehnsüchten
singt der Wind ein Lied
von den Träumen
weiß nur der Sternenhimmel
und jeder Tautropfen
gleicht einer nicht geweinten Träne
ich zögere
mich dem Tag zu stellen
doch das Verschweigen
meiner Betroffenheit
verrät mich

Immer Meer

Es riecht nach Salz
der Geschmack auf den Lippen
von Tränen und Träumen
sogar im Glas herrscht Ebbe und Flut
und Wellen schlagen kopfüber
ein nasses Gesicht
versucht sich auf den Beinen zu halten
seine Spur verliert sich im Rausch
die Luftschlösser weggespült
noch ruht das Meer
im Auge des Sturms

Informell

In
Momenten verlieren
Stunden
alles Oberflächliche
der Zeit
zerfallen Wörter
und stellen uns
sang- und klanglos
aus
wenn Laute
auf Lippen verloren gehen
und der Ton
uns bekannt
ein leises Ahnen löst
wirst du dann
ein Lied davon singen

Vor Anker liegen

Am Rande
der Sprachlosigkeit
hält nur die Kette
das Schweigen
aus

Ein Faden zu dir

Grimassen schneide ich dir
nach Maß
passend zu jeder
Gelegenheit
reagiere ich
auf deiner Finger Bewegung
und halte dich
nicht zum Narren

Von Liebe und Erwartungen

So kam der Streit
und ging
der Frieden
war nicht lang her
noch suchen sie
ihren Weg
zwischen den vielen
Missverständnissen

Fingerspitzengefühl

Am Ende einer Verliebtheit
Blumenbinder Hoffnung gesucht
die Blätter zerrupft
durch Schneckenhäuser gekrochen
in ihre Windungen verlaufen
außer Rand und Band gewesen
Wehmutslöcher gestopft
Finger auf die Spitze getrieben
den Bann durchbrochen
und am Ende
Du und Ich

Nicht
die geheimsten Ecken
meiner Seele
machen mir Angst
sondern sie zu verlieren
an Zungen - die gespalten
auf Lippen- die schweigen
an Wörter - die unverstanden
auf Blätter
Schwarz auf Weiß

Wie du mich geliebt hast

Treibend auf bitterer Welle
vom Salze die Lippen gesprungen
aber
wie loderte über den Horizont
der Sonnenball

Sitzend in schlechter Behausung
vom Froste die Finger geschunden
aber
wie wuchs aus den Chiffren
der Zeichnung
das künftige Werk

Tastend im Dickicht der Zweifel
den Schädel vom Denken zermartert
aber
wie stieg aus dem Grund der Gedanken
die reife Erkenntnis

Als mir das Herz
so klopfte
und die Beine
schlotterten
dachte ich an
Kreislaufstörungen
der Arzt fragte
wie heißt sie

durch die Vordertür
möchte ich kommen
dir entgegen
mit meiner Angst
Schritt für Schritt
dich beim Namen nennen

Sinnlichkeit

Würde meine Hand
deine Haut berühren
ich bliebe
auf die Spitze getrieben
eine Zeit lang

Würde mein Gaumen
deine Säfte schmecken
ich bliebe
betrunken von dir
eine Zeit lang

Würde meine Nase
deines Geruches gewahr
ich bliebe
auf dem Geschmack
eine Zeit lang

Würden meine Augen
deinen Körper blicken
ich bliebe
gefesselt von dir
eine Zeit lang

Würden meine Ohren
deinen Atem hören
ich bliebe
in deinem Rhythmus
eine Zeit lang

Würden meine Sinne
in dich fließen
ich bliebe deiner entsagt

Könnte ich dir
in die Haut kriechen
täte ich es
um die Dicke
zu durchlöchern
und wenn sie dann
durchlässig geworden
zu stopfen
mit meiner Liebe

Es tut mir gut
dich zu kennen und immer Neues
mit dir und über dich zu erfahren.

Es tut mir gut
das Leben mit dir zu leben
und Neues über mich zu erfahren

Es tut mir gut
die vergangenen Jahre zu sehen
und mich auf das Altwerden
mit dir zu freuen

Als sie sagte
so wie mit dir
war es noch nie
fühlte ich mich geschmeichelt
leider
hatte ich sie falsch verstanden

Immer öfter möchte ich dir
an die Wäsche gehen
immer häufiger sehe ich dich
in deinem Hemdchen stehen
um vom Höschen
ganz zu schweigen
lässt gerade jene Blicke zu
und spüre Grenzen
in mir weichen
trage sie nicht zu zuletzt
und auch deswegen
zu deiner Ehre
und kein Mann
noch Frau
kann dich verwehren

Geh in der Umarmung auf
wie im ewigen Leben
fühle den Kugellauf
dein Zittern
und dein Beben
so gibt es im Liebesspiel
weder Anfang
noch ein Ende
Höhepunkt ist Neubeginn
Orgasmus die Wende

Liebe

Viele Menschen
haben sich damit herumgeschlagen
das Gehirn von innen
nach außen gedreht und
wieder zurück
Entwicklungen sind vorangetrieben
und vieles davon
ist Geschichte geworden
doch sie bleibt
Grundlage
nicht zuletzt
für mich und
dich

Amor
hat dich und mich
immer wieder im Visier
doch manchmal müssen wir
selber nachhelfen
obwohl
dies für Ungeübte
gefährlich werden kann

Wenn ich um dich
kreise und
mich in deiner Mitte
wiederfinde
habe ich im Pendeln
zwischen dir und mir
meine Liebe
gefunden

Vor dem
verflixte siebten Jahr
endet das sechste
mit Hoffnung und Mut
für Neues

Am Anfang
des verflixten siebten Jahres
entwickelte sich die Liebe
mit Anzeichen von Verliebtheit
in manchen Augenblicken

Im
verflixten siebten Jahr
werden wir uns lassen
und immer wieder
neu entdecken

Vergänglich

Es ist ein Augenblick
und alles wird
verwehen mit einem hauch
dünnen Faden
hängen wir an ihm
zerbrechlich
als wäre es schon
einen Augenblick
zu spät

wir werden
am Ende
noch
den Strohhalm greifen
solange das Leben reicht
erkennen wir uns
noch
am Ende
werden wir

In den versuch meiner Liebsten
den Spiegel vorzuhalten
schleicht sich die Angst
der Spiegel könnte sich drehen
und sagen
was kann ich dafür
dass du dich erkennst in mir

Spiegelbild

Beim Fallen
hält kein Gesicht
was es verspricht
im Augen schein
jedoch
lässt es sich erkennen

Neues Land

wenn ich meinen
Anker dem Wasser
anvertraue hoffe ich
Grund genug
zu finden
und einen Boden
um darauf zu stehen

Wenn Münder
Ohren hätten
würden manche Reden
vergehen

Weiche

Keiner ruft die Stationen aus
an denen ich entgleise
mein Fahrplan überrollt manchen
Haltlos stehe ich
Endspurt
jetzt kann die Bergungsmannschaft
kommen

Phantasiewelt

Geschichten drehen
sich um
entlegene Vergangenheit
inwendig berührt
ein Körnchen Wahrheit
die Schale
Kernsätze ranken sich
in Atemnot
fast unmöglich
scheint das Leben
sich zu behaupten

Überholung

Im Versuch
das Alte weg zu strampeln
traf mich das Unverbindliche
auf Schritt und Tritt
zum Ziel anderer gekommen
warte ich
auf mich selber

Wenn du
Dein inneres Kind
gefunden
Und die Stimme der Unsicherheit
sang- und klanglos
untergeht
wirst du
ein neues Lied
vom Leben
singen

Es sind unsere Kinder
in denen wir weiterleben
wenn wir
mit unseren Taten
und Einstellungen
Möglichkeiten säen
die sie befähigen
in ihren Kindern
weiter zu leben

Zur Schlafenszeit

Die Nacht könnte ich mir
um die Ohren schlagen
mehr zählen auf den Tag
und doch
keinen Reim darauf machen
wenn buchstäblich
das Tanzen vor den Augen
kein Wort mehr
auf die Reihe bekommt

Die schönsten
Wunder
sind die
die aus Liebe
entstehen
Und damit sie
ein Wunder bleiben
muss unsere Liebe
sie loslassen
damit sie
ihr eigenes Wunder
bewirken kann

Als du noch ein Baby warst
schautest du hoch
in die Welt hinein

Als du noch klein warst
schautest du staunend
aus deiner Welt hinaus

Als du erwachsen wurdest
schautest du noch viel weiter
und die Welt

liegt dir zu Füßen

Erziehung
-der schwierigste Teil-

Denn wir müssen
zu ihren Gefühle emporklimmen
uns ausstrecken
auf die Zehenspitze stellen
Be-Greifen
um nicht zu verletzen

Sehe die Sonne untergehen
Der Hahn hat schon dreimal gekräht
Und wieder ist ein Tag verleugnet
Doch dein Gesicht
Spiegelt die Hoffnung deiner Seele
Das Licht löscht die Nacht aus
Jetzt ist was Gestern war

Kopfüber

Auf einer Schaukel sitzen
und in die Sonne fliegen
doch zwischen Himmel und Erde
halten Tau und Stange
und Träume zerbrechen
am Wendepunkt

Die redseligen Tage
mit dir
die sinnschwangeren Nächte
mit dir
die realitätskalten Morgen

mit mir

Intuitionen
sind Wahrnehmungen
die sich speisen
aus Vergangenheit
der gegenwärtigen
Sicht und
dem Blick auf das
was noch kommt

Mit oder
ohne Sex
liebe ich
dich
mit Sex
kann ich die Sterne
vom Himmel pflücken
und der siebte
ist mir nahe
ohne Sex
bin ich bodenständig
und möchte so gerne
fliegen

Es sprach
der Mund
ich will dich küssen
und kein Wort mehr
konnte über die Lippen
kommen

Es sprach
die Hand
ich will dich fühlen
und keine Bewegung
konnte noch zärtlicher
sein

Es sprach
das Herz
ich will dich lieben
und es geschah
immer wieder

Sie lebt
als hätte sie viele

Sie handelt
als hätte sie keins

Sie denkt
als hätte sie verloren

Sie redet
als hätte sie gelebt

Stelle dich
gegen den Wind
und lass dir
Flügel wachsen

Nehme deine Beine
in die Hand
und genieße
den Augenblick

Der Boden
lässt schon
auf sich warten

Am Abend

Ich habe dem Wind soeben gesagt
er möge dich streicheln
Ich habe die Nacht gebeten
um dich zu sein
wie mein Arm
auf dem Weg zu unserem Haus
Über das Mondlicht
werde ich wandern
in deine Träume
und in der Frühe
wird deine Hand
noch warm sein
von meiner

Über mich:

Der Liebe wegen wohne ich seit 1979 in Deutschland.

Wir haben drei erwachsene Kinder, sowie sieben Enkelkinder.

Die 27 Jahre davor lebte ich in Amsterdam, wo ich auch 1952 geboren bin.

In Hürth arbeite ich in meiner eigenen Praxis als Psychotherapeut, Supervisor und interkultureller Trainer.

Veröffentlichungen:
"Ein Fisch braucht Wasser"
Wie man Kinder vom Haken Lässt

e-book: ISBN: 978-3-923884-06-3
AppleBooks: Deutsch ISBN: 978-3-923884-01-8
           Englisch ISBN: 978-3-923884-02-5